AF316600

About the Author

Idalina was born and raised in Ponta Delgada, Flores, in the Azores Islands. She immigrated to the unknown lands of California in the Bay Area at the age of 10 with her parents and her four siblings, not knowing what kind of future awaited her. As Idalina began a career in finance later in life, married with two children, she eventually obtained the title "Executive Administrative Assistant" for an outdoor company and has continued that work for the last 22 years.

During the Covid lockdown, she began to wonder what she could do with her talents—how could she contribute to the world. With heart & courage, Idalina started an at-home-based business, a YouTube channel, and eventually began writing short stories of her childhood. This book is her way of preserving her past along with sharing her present with all of you. Idalina is proud to incorporate her Portuguese heritage into her day-to-day rituals (e.g. cooking, fashion, spirituality) and hopes that you might be inspired to celebrate your own heritage in your own way. When not working, you can find her on a trail– running or hiking. She never turns down a "High Tea" invitation or a glass of red wine.

Introduction

As a third-generation Portuguese American who first visited Portugal at the age of 20, I have always enjoyed hearing stories of what it was like to grow up and live in the Azores long ago before the modern conveniences of life were common on the islands. A big part of the mission of Riso Books is to preserve and carry on Portuguese traditions, stories and way of life. So when I read Idalina's stories, I knew immediately that her stories needed to be captured in a way that could be shared with the Portuguese Diaspora across the globe.

Idalina's conversational style makes you feel like you're sitting at her kitchen table sharing a cup of coffee or glass of wine as she lovingly recounts the sweet memories of her childhood growing up on the island of Flores. My favorite story is of her mother as a sargassum diver, which exemplifies incredible strength, dedication and commitment to family - common traits of Portuguese women in general, but especially of those who lived during that time. It's hard to imagine anyone I know doing that same job, especially while 9 months pregnant!

I hope you will enjoy all of Idalina's stories, and that they paint a picture in your mind of simpler, happy times. Perhaps they will remind you of your own stories or of stories your parents or grandparents told. Perhaps they will inspire you to visit the Azores and enjoy a slower pace of life, surrounded by the majesty of the ocean and natural island life. However these stories affect you, I hope they leave you smiling.

Angela Simões
Founder and Author, Riso Books

Hydrangeas

They bloom in the early Spring to late Summer - the island's flower, hydrangeas. I remember windows being wide open, allowing a soft salty sea breeze to carry their scent into our house.

Growing up in the islands had many advantages; one of the best parts of living quietly in the middle of an archipelago was to wake up on a summer's day, in a tiny brick house fresh with the morning dew and mist of the sea surrounded by the smell of hydrangeas. All around, we were surrounded by an array of colors from turquoise, ultramarine, and light purple hydrangeas. It was a true paradise.

Country roads, highways, and mountains are lined with dozens upon dozens of hydrangea shrubs, and they adorn nearly every property on the island. Even the fields are separated by walls of hydrangeas due to their toxicity which can keep livestock and pests away. The island of Flores gets its name - "Flores" which translates to "Flowers" - from the abundance of hydrangeas that grow wildly across the entire island thanks to the rich volcanic soil and rain. These stunning flowers were introduced to the island centuries ago by Portuguese explorers and missionaries. The beautiful flowers are maintained by the town's "Junta" (the local gardeners). I was always looking forward to the month of June for the "festa" (celebration) which occurred between June 21st and June 30th; it was a hometown festival.

It was a time where we used the island flowers to decorate ox carts, the chapels and our homes. We also made flower carpets on the streets in front of our houses with hydrangea petals, carnations, daisies, and red flowers for the procession of St. Peter, the patron saint and protector of the island's fishermen. The parade attendants and community would walk over the decorative carpets of the fresh flowers from the Church of St. Peter to Porto Bay to celebrate a mass in honor of all the fishermen.

The smell of the flowers, wafted on by the breeze, brought joy to the village community. Everyone would look forward to the festa. I would put on my favorite simple dress that my Mom made special for the festas. I would then polish my white patent leather old shoes, clip a barrette on the side of my hair and wait outside next to the flower carpet that we made – waiting for the patrons to walk by our house and follow the procession to Porto Bay for the celebration. The fishermen's boats would be decorated with arches made of hydrangeas and various other flowers, making the bay look colorful and beautiful. They would put the saint statue in the most decorative boat and then we would celebrate the mass. I remember this celebration bringing not only our town's people together, but folks from other villages as well, which made it extra special. We would invite a guest or two from other towns to join us for dinner. Mom would make an amazing meal in honor of the "festa" and the week's hard work: Roast Beef with potatoes, and a simple dessert called "Bolo de Ló." It was humble and simple. I was fortunate to be surrounded by the gratitude and sincere feelings on this island of hydrangeas, Flores.

Hortênsias

Florescem no início da primavera e estão em flor até ao final do verão - a flor da ilha, as hortênsias. Lembro-me de as janelas estarem bem abertas, permitindo que uma suave brisa salgada do mar trouxesse o seu cheiro para dentro de casa.

Crescer nas ilhas tinha muitas vantagens; uma das melhores partes de viver tranquilamente no meio de um arquipélago era acordar num dia de verão numa minúscula casa de tijolos fresca com o orvalho da manhã e a brisa do mar rodeada pelo cheiro das hortênsias. À nossa volta estávamos rodeados por uma variedade de cores, azul, turquesa e lilás. Era um verdadeiro paraíso.

As estradas rurais, vias-rápidas e montanhas são forradas por dezenas e dezenas de arbustos de hortênsias, e enfeitam quase todas as propriedades da ilha. Mesmo os campos são separados por muros de hortênsias devido à sua toxicidade que pode manter o gado e as pragas afastadas. A ilha das Flores recebe o seu nome - devido à abundância de hortênsias e outras flores que crescem de forma selvagem em toda a ilha, graças ao rico solo vulcânico e à chuva. Estas flores deslumbrantes foram introduzidas na ilha há séculos atrás por exploradores e missionários portugueses. As belas flores são mantidas pelas entidades locais e os municípios. Quando vivia nos Açores, estava sempre à espera do mês de junho para as festas que ocorriam e ainda ocorrem, normalmente, entre 21 e 30 de junho; a grande festa do nosso município.

Era uma época em que utilizávamos as flores da ilha para decorar os carros de bois, os impérios e as nossas casas. Também fazíamos tapetes de flores nas ruas em frente das nossas casas com pétalas de hortênsia, cravos, margaridas e flores vermelhas para a procissão de São Pedro, o santo padroeiro e protetor dos pescadores da ilha. Quem estava na procissão, e mais tarde todas as pessoas da freguesia, passeavam sobre os tapetes decorativos das flores frescas da Igreja de São Pedro até à Baía do Porto para celebrar uma missa em honra de todos os pescadores.

O cheiro das flores flutuavam pela brisa trazia-nos muita alegria. Todos estavam ansiosamente à espera da festa. Eu vestia o meu vestido, que embora simples, era o meu favorito, que a minha mãe costurava especialmente para as festas. Depois polia os meus sapatos, já velhos, com verniz branco, colocava um gancho decorativo no meu cabelo e esperava lá fora ao lado do tapete de flores que havíamos feito - esperando que os andores dos santos passassem pela nossa casa e seguissem a procissão até à baía do Porto para a celebração. Os barcos dos pescadores seriam decorados com arcos feitos de hortênsias e várias outras flores, tornando a baía num verdadeiro colorido. O andor da padroeira seria colocado no barco mais decorativo e celebrava-se a missa. Lembro-me desta celebração que reunia não só o povo da nossa freguesia, mas também as pessoas de freguesias visinhas, o que faziam desta celebração um dia muito especial. Convidávamos um ou dois convidados de outras freguesias para jantarem connosco. A minha mãe confecionava uma refeição incrível em honra da Festa e do trabalho árduo daquela semana: carne assada com batatas, e uma sobremesa simples, o pão ou bolo de ló. Era humilde e simples. Tive a sorte de viver uma adolescência repleta pela gratidão e sentimentos genuínos nesta ilha de hortênsias, a ilha das Flores.

Every Cake Has A Story To Tell

Every cake has a story to tell. On April 21, 1974, Mom sent me with a grocery list and a mesh shopping bag to Senhor João Caldeira ("Mr. John Caldeira" - a little family store in Ponta Delgada, Flores Island). I remember getting home with the mesh bag full of groceries. No, I didn't drive, hahaha...by foot only. When I got home, Mom had a big smile on her face and said, "Feliz Aniversario filha!" (Happy Birthday my daughter!) I looked at her confused and wondered why she said that! I had never heard those words or knew what they meant. She told me to put down the groceries and go to the kitchen to see what she had made for my birthday.

I could smell the fresh lemon zest and butter throughout the house and wondered if Mom was making biscuits which was not unusual, in fact, it was quite common. The kitchen table was high, and I couldn't see exactly what was on the table that Mom wanted me to see. I was small, so Mom helped me to sit on one of the stools. I saw this beautiful cake decorated with white meringue on top, along with some silver sugar pearl dragees. Mom said the cake was to celebrate my 6th birthday. I had no idea cakes were made to celebrate birthdays. The only time I saw or had a slice of cake was at a wedding. I had a lot of questions for Mom! I asked her why she made the cake, and if everyone got one for their 6th birthday? Believe me, I was confused! At the time, I didn't know or understand why she made a cake for my birthday. Mom explained that normally, and when possible, people celebrate birthdays with a cake. I asked why we didn't celebrate our birthdays with a cake every year. Mom explained again,

"Dear you were born on an Easter Sunday, it's a hard time to celebrate birthdays with a cake." She explained that during this time of the year, the island ladies need all the eggs, flour, and sugar to make folares (traditional Easter bread pastries) for Easter Sunday and we don't always have all the ingredients because they are expensive and don't always arrive on time.

I remember times when Mom was worried and waiting for the boat to come to the island with flour, sugar, and coffee. Frequently, there would be a boat delay because of bad weather or low stock. Most times, baking measurements were just "estimates." Many years later I asked my mom if she remembered the recipe of the cake she made for my 6th birthday. She laughed!

"Filha, I had no measuring cups, I used my hands or a teacup." So, she explained how she made the cake.

Two full hands of flour, two full hands of sugar, eight eggs, a cube of butter, one tablespoon of Royal baking powder, fresh lemon zest of two lemons, pinch of salt and milk as needed. Oh, and beat the egg whites with a fork until stiff. There were no Kitchen Aid mixers... Wow! With a fork! And say a little prayer for the cake to bake through.

I looked at Mom's hands and mine to compare size (hers are big and mine are small!) and I thought, how am I going to make this modest, simple but challenging cake? I will tell you though, I'm stubborn and persistent. I will make this cake and repeat as many times as needed until this cake comes out like Moms.

Carefully following Mom's "recipe" and adjusting the measurements because my hands are smaller, I challenged myself and made the cake as a reminder of the treat Mom made and the love she showed to make my 6th birthday memorable and special. I made this cake in honor of our close family, friends, and all the April birthday's.

I will tell you, there was something very special about this cake which I have never forgotten. Whether it was Mom surprising me with my first birthday cake or her LOVE to make it so special. There was something extraordinary about this cake which has stayed in my memory.

Cada Bolo Tem Uma História

Cada bolo tem uma história. No dia 21 de abril de 1974, a minha mãe mandou-me com uma lista de mercearias e um saco de compras de malha à venda do Senhor João Caldeira (uma pequena venda em Ponta Delgada, ilha das Flores).

Lembro-me de chegar a casa com o saco de compras de malha cheio de mercearias. Não, eu não tinha vindo de carro...tinha vindo da venda para casa, a pé.

Quando cheguei a casa, a mãe tinha um grande sorriso no rosto e disse: "Feliz Aniversário, minha filha! Feliz Aniversário!" Olhei-lhe com alguma confusão e perguntei-lhe porque me tinha dito isso! Nunca tinha ouvido essas palavras ou o que elas significavam. Ela disse-me para deixar as compras e ir à cozinha para ver o que ela tinha feito para o meu aniversário.

Conseguia cheirar, casca de limão fresca e manteiga e perguntei-lhe se a mãe tinha feito biscoitos, o que não era invulgar, aliás, era bastante comum. A mesa da cozinha era alta, e eu não conseguia ver exatamente o que estava sobre a mesa que a mãe queria que eu visse. Bem, eu era baixa, por isso a minha mãe ajudou-me a sentar-me num dos bancos. Vi um lindo bolo decorado com suspiros brancos no topo e drageias com pérolas de açúcar prateado. A minha mãe disse que o bolo era para comemorar o meu 6º aniversário. Não fazia ideia de que os bolos eram feitos para celebrar os aniversários. A única vez que vi ou comi uma fatia de bolo foi num casamento. Eu tinha muitas perguntas para a minha mãe! Perguntei-lhe, porque fez o bolo e se todas as crianças recebiam um bolo quando faziam seis anos? Acreditem, eu estava muito confusa! Naquele momento, eu não sabia, ou não entendia a razão de ter um bolo pelo meu aniversário. A minha mãe explicou, normalmente e quando possível, as pessoas comemoram os aniversários com um bolo, uma vez por ano na data em que nasceram. Perguntei à minha mãe, porque não celebrávamos os nossos aniversários com um bolo todos os anos. Ela explicou novamente: "Querida nasceste num Domingo de Páscoa, é difícil celebrar aniversários com um bolo". Ela explicou, nesta altura do ano, as senhoras da ilha precisam de todos os ovos, farinha, e açúcar para fazerem folares pascais e nem sempre temos todos os ingredientes porque são caros, e também porque nem sempre chegam a tempo.

Lembro-me dos tempos em que a mãe estava estressada e à espera de que o barco chegasse à ilha com farinha, açúcar e café. Por vezes, e, infelizmente acontecia frequentemente, havia atrasos do barco devido ao mau tempo ou porque não havia mercadoria. Na maioria das vezes, as medidas de cozedura também nunca eram as mesmas. Perguntei à minha mãe durante este último fim-de-semana se ela se lembrava da receita do bolo, que ela fez para o meu 6º aniversário. Ela riu-se!

"Filha, eu não tinha copos de medida, usava as minhas mãos ou uma chávena de chá". Então, ela explicou-me como fez o bolo.

Duas mãos cheias de farinha, duas mãos cheias de açúcar, oito ovos, uma tigela de manteiga, uma colher de chá de fermento Royal, casca fresca de dois limões, uma pitada de sal e leite, quanto basta. Bater as claras de ovo com um garfo até ficarem firmes. Não havia ajudas de cozinha... Uau! Com um garfo! E fazia-se uma pequena oração para que o bolo cozinhasse.

Olhei para as mãos da minha mãe, e para as minhas. Comparei o tamanho e pensei como poderia fazer este bolo modesto, simples, mas desafiante. Digo-vos, porém que sou teimosa e persistente. Vou fazer este bolo e repetir tantas vezes quantas forem necessárias até que fique como o de minha mãe. A mãe tem mãos de uma senhora forte e robusta, eu tenho mãos de uma mulher de estatura pequena (risos).

Cuidadosamente, seguindo a receita da minha mãe e ajustando as medidas porque as minhas mãos são mais pequenas, lá fui eu à tarefa.

Desafiei-me e fiz o bolo como uma recordação do sacrifício e amor que a minha mãe fez para tornar o meu 6º aniversário memorável e especial. Fiz este bolo em honra da família e dos amigos íntimos que celebram os seus anos em abril.

Digo-vos, houve algo de muito especial neste bolo que nunca esqueci. Quer tenha sido a minha mãe a surpreender-me com o meu primeiro bolo de aniversário ou com o seu AMOR e sacrifício para me fazer este, o mais delicioso de todos os bolos.

The Never Forgotten Stone Washing Basin

Regardless of the season and weather, washing, wringing, and smacking wet clothes on the shores of rivers and surfaces of stone basins for hours, was one of the many jobs that women did in the Azores. I was always eager and curious to learn about house chores, and laundry was one of my more memorable experiences.

I was eight when I started washing clothes with my grandmother Emilia. Most homes in the Azores had at least one or two stone washing basins depending on the size of the family in the household. If they didn't, using the closest river or neighbor's basin were the other options. Most basins were located on the side or in the back of the house. I remember the Portuguese traditional soap, Sabão Azul, also known as the "Offenbach Soap." The soap was inexpensive and used primarily for washing clothes by hand in stone basins, rivers, and for personal hygiene. My Mom didn't have a basin at the time so we would take our laundry to wash at my grandmother's house.

There was this one instance during a cold winter morning that I will never forget. I took a basket of dirty garments to wash in my grandma's basin. I filled the stone basin with water up to the top and because I was small, my grandmother put a brick under my feet so I could reach the stone washing board to scrub the garments. Grandma showed me how to wash the clothes properly, reminding me to use just a little bit of soap. I remember using a long bamboo stick to stir the shirts around the water and then giving it a good soapy soak for a few minutes before I started pounding and scrubbing the soaked garments on the stone washboard. I was scrubbing my grandfather's shirt over and over with soap, and I ended up using the entire Sabão Azul bar on that one shirt. The washing board got slippery, and before I knew it, I lost my balance and fell into the washing basin that was still full of water and dirty garments! My grandmother heard splashing noises and she came out of the kitchen to check on me. She couldn't believe I fell into the basin! She said, "look what you've done!" I was covered with wet clothes, soapy bubbles, and scum. I knew then that I was in trouble. My eyes hurt from the soap and I was shivering from the cold water.

She carefully got me out of the stone basin and washed off the soap pieces from my hair and clothes with cold water from the fountain. She wrapped me in one of my grandpa's spare cleaned shirts and took me inside the house to cozy up next to the fire pit while my clothes were drying on the clothesline. This was the only time I remember her being upset at me for using all the soap that could have been used to wash a couple loads of laundry. Instead, I wasted the whole bar on one shirt. Not to mention she was worried that I could have gotten hurt when I fell into the basin.

My Grandma's stone washing basin is currently 53 years old and is still located in the same property where I had my first experience washing clothes. Whenever a visit to the village is possible, I stop by Grandma's old house and sit on the concrete steps next to the basin. I tear up a bit when I remember those difficult but beautiful times we spent together.

A Pia De Pedra Que Nunca Esquecerei

Independentemente da estação do ano ou do tempo, lavar, espremer e bater com a roupa molhada nas margens das ribeiras e nas superfícies das pias de pedra durante horas era um dos muitos trabalhos que as mulheres faziam nos Açores. Estava sempre ansiosa e curiosa por aprender sobre as tarefas domésticas, e lavar roupa foi uma das minhas experiências mais memoráveis.

Tinha oito anos quando comecei a lavar roupa com a minha avó Emília. A maioria das casas nos Açores tinham pelo menos uma ou duas pias de pedra, dependendo do tamanho do agregado familiar. Se não as tinham, utilizavam as ribeiras ou as pias dos vizinhos mais próximos. A maioria das pias situavam-se ao lado ou na parte de trás da casa. Lembro-me do sabão tradicional português, Sabão Azul, também conhecido como o "Sabão de Offenbach". As barras de sabão eram baratas e utilizadas principalmente para lavar roupa à mão em bacias de pedra, ribeiras, e para a higiene pessoal. Na altura, a minha mãe não tinha uma pia, por isso levávamos a nossa roupa para lavar em casa da minha avó.

Jamais esquecerei que numa manhã fria de inverno levei um cesto de roupa suja para lavar na pia da minha avó. Enchi a pia com água até ao topo e como eu era baixa, a minha avó colocou um tijolo debaixo dos meus pés para que eu pudesse chegar à pedra, para não só lavar, mas sobretudo esfregar as peças de roupa. A minha avó mostrou-me como se lavava as roupas, lembrando-me de usar apenas um pouco de sabão. Lembro-me de usar um longo pau de bambu para mexer as camisas à volta da água e dar-lhe um bom sabão de molho durante alguns minutos antes de começar a bater e a esfregar as peças de roupa embebidas na pia. Estava a esfregar a camisa do meu avô vezes sem fim, e com muito sabão, que acabei por usar toda a barra do Sabão Azul naquela camisa!

A pedra da pia ficou escorregadia e antes que me desse de conta perdi o equilíbrio e caí na pia que ainda estava cheia de água e de roupa manchada! A minha avó ouviu ruídos e gritos e saiu da cozinha para ver o que se passava. Na realidade não acreditava que eu tinha caído na pia! Disse-me: "olha o que fizeste!" Estava toda coberta de roupa molhada, bolhas de sabão, e espuma! Bem sabia que me tinha metido num sarilho! Doía-me os olhos por causa do sabão e tremia com a água fria.

Ela tirou-me cuidadosamente da pia e lavou os pedaços de sabão do meu cabelo e roupas com a água fria da fonte. Envolveu-me numa das camisas limpas do meu avô e levou-me para dentro de casa para me aconchegar ao lado da lareira enquanto as minhas roupas secavam no estendal. Esta foi a única vez que me lembro de ela estar chateada comigo por ter usado todo o sabão que poderia ter sido usado para lavar muita roupa. Em vez disso, desperdicei todo o sabão numa única camisa. E claro que ela estava preocupada porque poderia ter-me magoado quando caí na pia.

Atualmente, a pia de pedra da minha avó tem 53 anos e ainda se encontra na mesma propriedade onde tive esta minha primeira e inesquecível experiência a lavar roupa. Sempre que é possível uma visita à freguesia, passo pela velha casa da minha avó e sento-me nos degraus de pedra junto à pia. As lágrimas correm-me ao lembrar- me daqueles tempos que eram difíceis, mas, também muito belos. Tempos que passávamos todos juntos.

Story Of A Brave Whaler

My maternal grandfather, João António da Silva, was a fisherman and a whaler. He took great pride and joy in telling me stories of his experience with the mighty monsters of the deep sea. My grandfather did not know how to read or write, but he knew the secrets of the ocean.

On the weekends when I went to visit my grandparents, I enjoyed sitting with my grandfather on the concrete steps outside of his house, eating rockfish that he had grilled and listening to him play the harmonica. I would ask him to tell me stories of the sea - he had a lot of them! Some stories he preferred not to talk about, but he did share others that he said changed his life. He began telling me his most memorable story, his dream of becoming a whaler.

One day in 1952, a couple of men from the Boqueirão Whaling Factory, heard of a great fisherman from Ponta Delgada village--that man was my grandfather. They came to his house to talk to him and offer him a job to hunt whales. For him, it was a dream job opportunity. My grandfather joined Boqueirão in Santa Cruz, the largest village in Flores. The dream job seemed so easy, fun and adventurous! But it was not easy to hunt the mighty monster of the deepsea. Grandpa said, "It was a dangerous challenge to harpoon a sperm whale." The hunting of the creature normally started on the ground, with lookouts located in higher points throughout the island. He said he remembered how whalers were equipped with binoculars and rockets to give a sign whenever they spotted a whale. They would shout out, "whale in sight!" Once the sign was given, the men would leave their other daily jobs (most worked several on the islands) immediately, and assemble near the harbor to launch the boats.

One early morning in September marked and changed his life forever. He heard shouting coming from the lookouts of Faja Grande. He got out of bed quickly as my grandmother made his coffee and packed a small meal of bread and cheese for him to take on his voyage. He met with his crew at the harbor to prepare the motorboat, sails, and oars and off they went heading to Corvo island where the whale was seen. Corvo is the smallest island of the nine Azorean islands and is the closest island to Flores. As they got closer to the whale, the crew turned off the boat motor and carefully rowed the boat with the oars to get close to the giant sea creature. Grandpa said it was the biggest sperm whale he had ever seen! The crew immediately prepared and hooked the whale with a harpoon. He never saw such a furious harpooned angry animal in his life. The huge vengeful whale struck the boat and snapped it in half. Grandpa and the other whalers were bobbing in the ocean with their heads out of the water. He could distinctly see the creature smite his jaws together, as if disturbed with rage and fury and again it struck the splintered boat. As the boat began to sink, the crew was terrified that the whale would go for them. Luckily, a few miles away there was a fishing boat that saw them and came to their rescue; they all made it back safely.

After this incident, grandpa decided to resign from his job as a whaler to be with his family, my Grandmother Emilia, my Auntie, and my Mom who was seven years old at the time. The love for his family was more valuable to him than being at risk hunting sperm whales. He was a whaler for 16 years.

This was during a time in the middle of the 19th century when whaling was legal and was the main industry on the archipelago, aside from fishing, farming, and wine making. The whale blubber was placed into barrels melted down to oil. It was used as a major source of fuel for lamps, soaps, and lubricants. Whale hunting has been prohibited since 1982 in the Azores. The last sperm whale was hunted in 1987, as a result of a protest in Pico island. Whales are now safe in the Azores archipelago. The old Boqueirão factory is now a whale museum in Flores.

A História De Um Baleeiro Corajoso

O meu avô materno, João António da Silva, era pescador e baleeiro. Era com muito orgulho e alegria que ele me contava as histórias da sua experiência com os poderosos monstros das profundezas do mar. O meu avô não sabia ler nem escrever, mas conhecia os segredos do oceano.

Nos fins-de-semana, quando visitava os meus avós, gostava de me sentar com o meu avô nos degraus de pedra da sua casa, comendo peixe que ele havia frito e ouvindo-o tocar a harmónica. Pedia-lhe que me contasse histórias do mar - Ele tinha muitas delas! Apesar de ter algumas histórias que não gostava de contar, partilhava outras que ele disse terem-lhe mudado a sua vida. Começou por contar-me a sua história mais memorável, o seu sonho de se tornar baleeiro.

Um dia, em 1952, dois homens da Fábrica Baleeira Boqueirão ouviram falar de um grande pescador da freguesia de Ponta Delgada - esse homem era o meu avô. Vieram a sua casa para falar com ele e ofereceram-lhe um emprego para caçar baleias. Para ele, era uma oportunidade de trabalho de sonho. O meu avô juntou-se ao Boqueirão em Santa Cruz, a maior freguesia das Flores. O emprego de sonho parecia tão fácil, divertido e aventureiro! Mas não era fácil caçar o poderoso monstro das profundezas do mar. O avô disse: "Foi um desafio perigoso arpoar um cachalote". A caça da criatura começava normalmente em terra, com vigias localizadas em pontos mais altos de toda a ilha. Ele disse que se lembrava de como os baleeiros estavam equipados com binóculos e foguetes para dar um sinal sempre que avistassem uma baleia. Gritavam: "baleia à vista!". Uma vez dado o sinal, os homens deixavam imediatamente o seu trabalho diário e reuniam-se perto do porto para lançar os barcos.

Numa certa manhã de setembro, bastante cedo, a sua vida mudou para sempre. Ouviu gritos vindos dos miradouros da Fajã Grande! Saiu rapidamente da cama, enquanto a minha avó fez o seu café e preparou uma pequena refeição de pão e queijo para ele levar na sua viagem. Reuniu-se com a sua tripulação no porto para preparar o barco a motor, velas e remos e partiram em direção à ilha do Corvo, onde foi avistada a baleia. O Corvo é a mais pequena das nove ilhas açorianas e é a ilha mais próxima das Flores. Ao aproximarem-se da baleia, a tripulação desligou o motor do barco e remou cuidadosamente para se aproximar do gigantesco monstro marinho. O avô disse que era o maior cachalote que alguma vez tinha visto! A tripulação preparou imediatamente e fisgou a baleia com um arpão. Nunca viu uma baleia tão furiosa na sua vida. A enorme baleia vingativa bateu no barco e partiu-o ao meio. O meu avô, e os outros baleeiros, ficaram a nadar no oceano com a cabeça fora de água. Ele podia ver nitidamente a criatura a golpear as suas mandíbulas juntas, como se estivesse cheio de raiva e fúria e, mais uma vez, atingiu o barco rachado. Quando o barco começou a afundar-se, a tripulação ficou aterrorizada que a baleia fosse atrás deles. Felizmente, a poucos quilómetros de distância, havia um barco de pesca que os viu e veio socorrer-lhes; todos eles conseguiram regressar em segurança.

Após este incidente, o meu avô decidiu abandonar o seu trabalho como baleeiro para estar com a sua família, a minha avó Emília, a minha tia e a minha mãe, que na altura tinha 7 anos de idade. O amor pela sua família era-lhe mais valioso do que uma vida de risco a caçar cachalotes. Ele foi baleeiro durante 16 anos.

Durante uma certa época, particularmente no século XIX, a caça à baleia era legal e era uma das principais indústrias do arquipélago, para além da pesca, agricultura e produção de vinho. A banha de baleia era colocada em barris derretidos em óleo. Era utilizada como uma importante fonte de combustível para lâmpadas, sabões e lubrificantes. Nos Açores a caça à baleia é proibida desde 1982. O último cachalote foi caçado em 1987, como resultado de um protesto na ilha do Pico. As baleias estão agora protegidas no arquipélago dos Açores. A antiga fábrica do Boqueirão agora é um museu dedicado à baleia na ilha das Flores.

My Grandmother's Black Iron Cauldron

What is brewing in my grandmother's black iron cauldron?

Though memories may fade, I will never forget my grandmother Amelia Machado-Sousa's black cauldron. A cauldron is a three-legged cast iron pot with a lid and handle used to slow cook over an open fire. When I used to visit my grandmother Amelia in the village of Ponta Delgada, I was greeted by the enticing smell of her cooking.

My grandmother was 5'2", had dark brown hair, fair skin, and beautiful green eyes. She and my grandfather Adolfo raised a family of six, three sons and three daughters, though one daughter sadly passed away when she was a baby. My grandmother was strong and tough. Her favorite and most comfortable outfits were batas (also known as muumuus), which she wore most of the time. A lot of times I feared her stern intimidating voice, but later in life I understood why she and many other women in the island had stern voices and tough personalities. They had a big job! They oversaw the household, made most of the decisions and assigned each daughter a task: help with the cooking, wash the clothes in the river or help their fathers with planting and harvesting.

What I remember the most was her special, magical black cauldron. I remember this like it was just yesterday, watching her cook in a three-legged cauldron sitting on top of the fire pit in her built-in brick oven. I would follow my grandmother around the kitchen, trying to help but also to try and capture the secret behind her delicious magical food. I would ask her why her food was so delicious and she would say, "The cauldron is the secret ingredient to good, tasty food."

I remember helping her making sopa verde (green collard soup), feijão com linguiça (beans and linguiça stew) and morçelas (boiled blood sausages).

I would continuously ask grandma if I could help her make food. I was eight and small, and so curious to see what she was making. I wasn't tall enough to reach the cauldron, so grandma would put a stool close to the brick fire pit for me. She would remove the lid from the cauldron, and I would add the potatoes, collard greens and linguiça to cook the soup. It filled the kitchen with such warmth and a delicious aroma. Grandma Amelia would serve her soup with her homemade bread spread and fresh butter. This soup was not only delicious, but it also warmed my heart and was unforgettable.

I've never forgotten my grandmother's modest green simple soup. It's my favorite, and to this day I continue to make it for my family as they love it too. When I make it, I am transported back to these beautiful memories with my grandmother. It was a lot of physical work, but then again, life was much simpler back then. Meals were put on the table three times a day, everyone would be seated by a certain time to eat together, and we would plan for the next day. I learned through the years, her secret was the energy, time, and love for her family. Cooking is love made visible and is one of the best gifts we can share and give to those we love.

O Caldeirão De Ferro Preto Da Minha Avó

O que é que está ao lume no caldeirão de ferro preto da minha avó?

Embora as memórias possam desvanecer-se, nunca esquecerei o caldeirão preto da minha avó Amélia Machado-Sousa. Um caldeirão é um tacho pequeno, médio ou grande, feito de ferro em cima de uma trempe de três pernas com tampa e cabo usado para cozinhar lentamente sobre uma fogueira. Quando eu costumava visitar a minha avó Amelia em Ponta Delgada, era saudada pelo cheiro sedutor do seu cozinhar.

A minha avó era de postura baixa, tinha cabelo castanho escuro, pele clara, e uns lindos olhos verdes. Ela e o meu avô Adolfo criaram uma família de seis filhos, três rapazes e três raparigas, embora uma filha falecesse precocemente quando era bebé. A minha avó era uma mulher robusta e resistente. Os seus trajes preferidos e mais confortáveis eram batas que ela usava praticamente todos os dias. Muitas vezes temia a sua voz intimidante e severa, porém, mais tarde compreendi porque é que ela, e muitas outras mulheres da ilha, tinham vozes severas e personalidades fortes. Elas tinham grandes responsabilidades! Elas supervisionavam a casa, tomavam a maioria das decisões e atribuíam a cada filha uma tarefa - ajudar na cozinha, lavar a roupa no rio ou ajudar os seus pais na plantação e na colheita.

O que mais me lembro é o caldeirão preto. Para mim era algo mágico. Lembro-me disto como se fosse ontem, vendo-a cozinhar num caldeirão com trempe de três pernas em cima da fogueira no seu forno de tijolos. Seguia a minha avó pela cozinha, tentando ajudar, mas também tentar deter o segredo por detrás da sua deliciosa comida. Perguntava-lhe porque é que a sua comida era tão deliciosa e ela dizia-me: "O caldeirão é o ingrediente secreto da comida boa e saborosa". Lembro-me de a ajudar a fazer sopa de couves, feijão com linguiça e morcelas.

Perguntava continuamente à avó se a podia ajudar a fazer a comida. Tinha oito anos, era pequena, mas tinha uma enorme curiosidade sobre a comida que ela confecionava. Não tinha altura suficiente para alcançar o caldeirão, por isso a avó punha um banco perto do lume para eu conseguir ver o que cozinhava. Ela retirava a tampa do caldeirão, e eu juntava as batatas, as couves e a linguiça para confecionar a sopa verde, como a chamava. Estes ingredientes enchiam a cozinha com imenso calor e com um aroma delicioso. A avó Amélia servia a sua sopa com o seu pão caseiro barrado com manteiga fresca. Esta sopa não só era deliciosa, como também aquecia o meu coração. Inesquecível!

Jamais esqueci o simples caldo de couves da minha avó. É a minha sopa preferida, e até hoje continuo a fazê-la para a minha família, pois eles também a adoram. Quando eu faço, volto a estes belos tempos em casa da minha avó. Era um tempo fisicamente árduo, mas naquele tempo a vida era muito mais simples. As refeições eram colocadas na mesa três vezes por dia, toda a gente se sentava a uma certa hora para comer em conjunto, e em conjunto planeávamos o próximo dia. Ao longo dos anos aprendi que o seu segredo era a energia, o tempo, e o amor pela sua família. Cozinhar é um ato de amor que se torna visível aos olhos de quem quer ver. É um dos melhores presentes que podemos oferecer às pessoas que amamos.

Feast of the Holy Spirit

The "Feast of the Holy Ghost," also known as a "festa," is one of the most important religious celebrations on the island of Flores. The festa originated centuries ago in the Azores in the local chapels called "Impérios" to honor the sixth Queen of Portugal, Isabel, and how she sacrificed her crown as thanks to the Holy Ghost for alleviating the people's hunger. In June 1975, my Father and another couple of men from the village were chosen to manage the festa at "Terra Chã Império" (Chapel of Terra Chã) for the year. The event was a three-day festival that began on a Friday night and ended on a Monday, which included the coronation of a "King" or a "Queen."

I remember it very well, how hard my parents worked to prepare for the celebration. Traditionally, the men would clean and paint the chapel, and decorate ox carts with native flowers. The women would stay home and make "massa sovada" (traditional Portuguese sweet bread) and put it inside baskets, then put on the ox carts for the men and a small court to parade around the village with the Holy Ghost crown. The court would give a loaf of sweet bread as a donation for the festa to each home. The remaining bread was served with cheese and red wine to the community and the "foliões" (a group of singers) accompanied the crown during the parade.

Some of the sweet breads were topped with meringues and were placed on long bunks inside the Império for auction after the priest performed the blessing. Prior to the festa, I would help my parents unfold the pole flags in order to clean and fix any damage from the previous year. We would decorate the Império altar with white lace table coverings and the island's native flowers; polish the silver Holy Ghost crown, and place it on the altar with two white candles, one on each side of the crown for people to view. And lastly, we would pray and give thanks to the Holy Ghost for the blessings and miracles it bestows upon us.

My Dad would help butcher the cattle to sell to the villagers to raise funds for the festa and for people to make delicious "sopas" (beef stew with cabbage, poured over rustic bread) that Sunday in honor of the Holy Ghost. The main street in front of the Impérios was decorated with arches of flowers and colorful paper décor. There would be lively street music, dancing and food that would begin on Friday evening and end on Monday night, bringing the entire community together for one long weekend.

Portuguese American immigrants brought the tradition of the Feast of the Holy Ghost with them to the United States. The cultural celebration in the U.S. is a way to connect Azorean immigrants to their homeland and to remind our newer generations
where they came from.

Festa do Espírito Santo

A Festa do Espírito Santo, também conhecida simplesmente como "a Festa", é uma das mais importantes celebrações religiosas na ilha das Flores. A Festa teve origem há séculos nos Açores, com a instituição das irmandades e Impérios em honra da sexta rainha de Portugal, Rainha Santa Isabel, e como ela se dedicou ao seu povo, e às dádivas para os mais pobres e famintos, e em honra do Divino Espírito Santo. Em junho de 1975, o meu pai e outros homens da freguesia foram escolhidos para serem mordomos do Bodo na Terra Chã e toda a preparação que acontecia al longo do ano. O evento foi uma festa de três dias que começou numa sexta-feira à noite e terminou numa segunda-feira, e incluiu a coroação de um "Imperador" ou de uma "Rainha".

Lembro-me muito bem, como os meus pais trabalharam arduamente para se prepararem para a celebração. Tradicionalmente, os homens limpavam e pintavam o Império, e decoravam os carros de bois com flores da região. As mulheres ficavam em casa, cozinhando a massa sovada, colocando os bolos dentro de cestos que depois iam em carros de bois enfeitados que os homens, num desfile, levavam com a coroa do Espírito Santo e as oferendas a toda a freguesia. Os imperadores davam um pão doce a todos que davam uma doação para a festa. A massa sovada que restava era servida com queijo e vinho tinto à comunidade em geral. A mordomia era acompanhada pelos foliões.

Alguns dos bolos de massa sovada continham suspiros em cima, e estes eram colocados em longas mesas dentro do Império para serem leiloados depois da bênção do Padre. Antes da festa, ajudava os meus pais a desdobrar as bandeiras dos postes a fim de limpar e reparar quaisquer danos do ano anterior. Decorávamos o altar do Império com toalhas de mesa de renda branca e flores endémicas da ilha; ponhamos a coroa de prata do Espírito Santo, e colocávamo-la sobre o altar com duas velas brancas, uma de cada lado da coroa para serem vistas por todos; e por fim, rezávamos e agradecíamos ao Espírito Santo pelas bênçãos e pelos os milagres que nos havia concedido.

O meu pai ajudava o leiloeiro a vender o gado aos criadores da freguesia, para angariar fundos para a festa e para que as pessoas tivessem as deliciosas sopas no domingo do bodo em honra do Espírito Santo. A rua principal, que fica em frente ao Império, era decorada com arcos de flores e decorações de papel colorido. Havia música de rua que animava a festa, bailaricos e comida que começavam na sexta-feira à noite e terminavam na segunda-feira à noite, reunindo toda a freguesia.

Os imigrantes portugueses, particularmente os açorianos, trouxeram a tradição da Festa do Espírito Santo com eles para os Estados Unidos. Esta celebração cultural e religiosa, aqui nos EUA, é uma forma de ligar os imigrantes açorianos à sua terra natal e de lembrar às novas gerações a cultura dos seus antepassados.

My Mom was a Marine Sargassum Diver

Meet my Mom, the marine sargassum diver! During the summer of 1976 it was sargassum season on the island of Flores in the Azores islands. Sargassum is a dark rustic red or brown seaweed with small berry-like pods that float in island-like masses on the ocean's surface. Mom would wake up every morning around 2 o'clock to prepare breakfast for the family, and she would have just enough food to keep her strength up while diving. She would feed the family before she left for work, normally leaving the house between 2 o'clock and 3 o'clock depending on the ocean tide.

Once the tide was low enough, Mom would put on her diving gear, wrap a long mesh sack around her waist, and off she went to Rocha do Vento to dive in the ocean to pull as much sargassum as she could from the rocks underneath the water. She would fill up six or seven long mesh potato bags in 5 or 6 hours depending, of course, on how much sargassum was available on the rocks. I remember sitting with my Dad on the rocks of Rocha do Vento waiting for Mom, and eventually she would walk up to the shoreline with the bags full of sargassum.

Dad would divide the sargassum into two parts so it wasn't too heavy for me to carry on my back. I remember so well carrying those heavy wet bags on my back and climbing that endless huge cliff back home. I was small, and let me tell you, the bag felt like 100 pounds coming up that cliff! I remember falling a few times as I was coming up the cliff, tripping and hitting my toes on the rocks. At times they would bleed and I'd be in a lot of pain. There were other people also diving for sargassum. I remember Mom's wrists being swollen at times and dad would help her by wrapping her wrists with wristbands for support and would also make sure her wrists were not dislocated.

So what did we do with the sargassum? Once we were back at home, we would extend the sargassum on the patio in front of our house to dry by the beautiful Flores island sun. Once it was dry, we would clean and remove seashells that were attached to the sargassum. This was my favorite part because I would use the shells to make home decorations, bracelets, anklets and necklaces! Once the sargassum was completely dry and cleaned, we would store it in a clean, dry, dark room of the house and we would keep it there until selling season which was normally in the Fall. The island of Flores had a huge warehouse called The Storage House where all divers took their sargassum to get weighed and inspected by the buyers to make sure it was of good quality and clean. Depending on the quality, buyers would pay between 2.50 and 4.50 escudos per kilo (about .50 to .75 cents per kilo). The sargassum was exported to Japan to make some of the most powerful medications and vitamins on the planet.

My Mom was a sargassum diver for 15 years. She loved it so much that on Sunday, April 21, 1968, Easter Sunday, she was nine months pregnant and in labor with her first child. Even with labor pains, she still went diving and climbed Rocha do Vento nine times with bags of wet, heavy sargassum on her back. She barely made it home on time to deliver her first born. I am so proud of my Mom and happy to be her first born.

Minha Mãe era Mergulhadora de Sargaço

Eis a minha mãe, a mergulhadora de sargaço marinho! Aconteceu no verão de 1976, a época do sargaço na ilha das Flores. O sargaço é uma alga marinha escura, vermelha rústica ou castanha, com pequenas vagens semelhantes a bagas que flutuam em massa semelhantes à ilha na superfície do oceano. A minha mãe acordava todas as manhãs por volta das 2 da madrugada para preparar o pequeno-almoço para a família e comia muito pouco, por isso só tinha comida suficiente para manter as suas forças enquanto mergulhava. Alimentava a família antes de sair para o trabalho, normalmente saindo de casa entre as 2 e as 3 da madrugada, dependendo do estado da maré.

Quando a maré estava suficientemente baixa, a minha mãe punha o seu equipamento de mergulho, enrola-va um saco de malha comprido à volta da cintura e ia até à Rocha do Vento para mergulhar no oceano, a fim de puxar o máximo de sargaço que conseguisse das águas junto às rochas. Ela enchia seis ou sete sacos de batata em 5 ou 6 horas, dependendo, claro, de quanto sargaço estava disponível nas rochas. Lembro-me de me sentar com o meu pai nos calhaus da Rocha do Vento à espera da mãe e, eventualmente, ela andava até junto de nós com os sacos cheios de sargaço.

O meu pai dividia o sargaço em duas partes para que não fosse muito pesado a fim de eu conseguir carregá-lo às costas. Lembro-me tão bem de carregar aqueles sacos pesados molhados nas minhas costas e escalar aquele enorme penhasco sem fim de volta a casa. Era pequena, e deixem-me dizer-vos, ao subir aquele penhasco ficava com a ideia de que o saco pesava 100 quilos! Lembro-me de cair algumas vezes quando estava a subir a rocha do vento, tropeçando e batendo com os dedos dos pés nas pedras. Por vezes sangrava e doía, mas depois de me doer os dedos dos pés algumas vezes, tornou-se normal e eu já nem sentia a dor. Havia também outras pessoas que mergulhavam para apanhar sargaço. Lembro-me de os pulsos da minha mãe estarem por vezes inchados e meu pai ajudava-a enrolando-os com pulseiras para apoio e assegurar que não houvesse desalinhamento.

O que é que fazíamos com este sargaço? Quando estávamos de volta a casa, primeiro era estendido no pátio em frente da nossa casa para secar sob o sol da ilha das Flores. Uma vez seco, limpávamos e retirávamos as conchas que estavam presas ao sargaço (esta era a minha parte preferida porque eu usava as conchas para fazer decorações caseiras, pulseiras, tornozeleiras e colares!) Uma vez que o sargaço estivesse completamente seco e limpo, guardávamo-lo numa sala escura, onde ficava guardado até à época da venda, que normalmente acontecia em cada outono. A ilha das Flores tinha um enorme armazém onde todos os mergulhadores levavam o seu sargaço para serem pesados e inspecionados pelos compradores a fim de se certificarem de que era de boa qualidade e estava bem limpo. Dependendo da qualidade, os compradores pagavam entre 2,50 e 4,50 escudos por quilo (cerca de .50 a .75 cêntimos por quilo). O sargaço era exportado para o Japão onde se faziam alguns dos medicamentos e vitaminas mais poderosos do planeta.

A minha mãe foi mergulhadora de sargaço durante 15 anos. Ela gostava tanto desta atividade que no domingo, 21 de abril de 1968, Domingo de Páscoa, estava grávida de nove meses e perto de dar à luz ao seu primeiro filho. Mesmo com dores de parto, ela ainda foi mergulhar e escalou a Rocha do Vento nove vezes com sacos de sargaço molhado e extremamente pesado às costas. Mal chegou a casa, deu à luz a sua primeira filha. Estou muito orgulhosa da minha mãe e de ter sido a sua primogénita.

The Ultimate Christmas Gift

Every Christmas I reminisce about how we used to celebrate back in the village. I recall back on December 25, 1977, that morning in a small dark room in the house, all the warmth and love that was present during our little celebration. I woke up that morning to a warm aroma coming from the kitchen. It was still dark and cold outside.

I lit up the oil lamp with a nearby match that was on top of my dresser, and proceeded to walk to the kitchen where Mom was making malassadas for breakfast, which was a traditional food to make on Christmas morning. I pitched in by setting the table as Mom was finishing her last batch of malassadas. I remember her words well, "Go check if baby Jesus left gifts inside your shoe!" she said. It is a Portuguese tradition that on Christmas Eve we would put out one of our shoes next to the chimney in hopes that baby Jesus wasn't too tired, and that he would visit our part of the village and leave us gifts. I looked at Mom and walked over to the chimney where we left the shoes. My eyes lit up with joy as I got closer to the chimney and I saw a few small packages wrapped in brown paper and twine!

Carefully I removed the small packages from my shoe and unwrapped the gifts. Inside was a pair of cozy socks, a bag of dried figs, and a small package of St. John's Bread, also known as "locust." It was my favorite holiday snack, and it was only available during the holidays. The bread pods taste somewhat like sweetened cocoa and/or a fig newton.

That morning there was something else besides Mom's special malassadas and the gifts that were left inside the shoes. There was a distinct lingering scent and energy coming from the room at the end of the hallway. This

particular room had a name, it was called "the downstairs room." Holding the lighted oil lamp, I walked through the hallway until I got to "the downstairs room," which is where we used to store crops, red and sweet potatoes, onions, garlic, and corn for us to eat during the winter months. This room was always dark, cold, and occasionally you would see a mouse or two running around. I was always terrified of mice back then; I still am today! I avoided going to that room as much as possible, especially when it was dark. However at that time, I was still curious and so I continued walking down the hallway and as I got closer to the room, I could smell the fresh scent of a tree that filled the air with a fresh wood aroma, and I knew it was a Cryptomeria Cedar tree that either my father or Grandpa had brought home.

I was very excited and wanted to see the tree! I turned the doorknob and walked through. My heart started beating faster, and my eyes lit up with joy and excitement when I saw my Grandpa João Antonio sitting on the floor next to the most beautiful Christmas nativity and village scene I'd ever seen in my life! He had told us how for months he carved the figurines from several sea foam buoys he found along the shores when he went fishing. He used moss and small clay rocks to give shape to the Nativity scene. There were so many beautiful figurine pieces that filled almost the entire room. During the holidays on the island of Flores, either my Father or my Grandfather would go into the forest early mornings on Christmas Eve to Fagunda or Pedrinha (the best side of the backwoods) to find the most beautiful Cryptomerias Cedar trees. When they spotted a nice one, they chopped it down, put it on their backs and carried it home.

It took them a couple of hours to get back with a tree in time to set it up, and for us to have and enjoy on Christmas day. We didn't have colorful blinking lights, hanging decorations like tinsel for the trees, gift toys wrapped in holiday paper or fancy bows underneath the tree. Instead, we had a beautiful tree that lit up the room with warmth, love, my mother's food, and Grandpa playing the harmonica. During the Christmas holidays, I remember Grandpa's unforgettable ultimate gift to us.... The sea foam Nativity scene made with heartfelt appreciation and love.

These impressionable memories made that Christmas very special to me. It is a time for family and friends to get together, share stories, eat food, laugh, love and even cry. The food and traditions of Christmas bring us together and help us understand it's true meaning. Christmas is a time of tradition where we get to enjoy the past, present and look forward to the future.

O Melhor Presente De Natal

Em todos os Natais eu me lembro de como costumávamos comemorar na freguesia. Lembro-me em 25 de dezembro de 1977, naquela manhã, num pequeno quarto escuro da casa, de todo o calor e amor presente durante nossa pequena celebração. Acordei naquela manhã com um aroma quente vindo da cozinha. Ainda estava escuro e frio lá fora.

Acendi o candeeiro a petróleo com um fósforo próximo que estava em cima da minha cômoda e continuei a caminhar até a cozinha onde mamãe estava fazendo malassadas para o café da manhã, que era uma comida tradicional para fazer na manhã de Natal. Eu ajudei arrumando a mesa enquanto mamãe terminava seu último lote de malassadas. Lembro-me bem das palavras dela - "Vá verificar se o Menino Jesus deixou presentes dentro do seu sapato!" ela disse. É uma tradição portuguesa que na véspera de Natal pudéssemos colocar um dos nossos sapatos junto à chaminé na esperança de que o Menino não estivesse muito cansado e que ele visitasse a nossa parte da freguesia e nos deixasse presentes. Olhei para mamãe e caminhei até a chaminé onde deixamos os sapatos. Meus olhos se iluminaram de alegria quando me aproximei da chaminé e vi alguns pequenos pacotes embrulhados em papel pardo e barbante!

Cuidadosamente tirei os pequenos pacotes do meu sapato e desembrulhei os presentes. Dentro havia um par de meias aconchegantes, um saco de figos secos e um pequeno pacote de pão de São João, também conhecido como "gafanhoto". Era o meu lanche de férias favorito, e só estava disponível durante as férias. As vagens de pão têm gosto de cacau adoçado e/ou newton de figo.

Naquela manhã havia outra coisa além das malassadas especiais da mamãe e os presentes que foram deixados dentro dos sapatos. Havia um distinto aroma persistente e energia vindo da sala no final do corredor. Esta sala em particular tinha um nome, chamava-se "a sala do andar de baixo". Segurando a lamparina a óleo, caminhei pelo corredor até chegar ao "quarto do andar de baixo", onde costumávamos armazenar as colheitas, batata vermelha e doce, cebola, alho e milho para comermos durante os meses de inverno. Esta sala estava sempre escura, fria e, ocasionalmente, você via um ou dois camundongos correndo. Eu sempre tive medo de ratos naquela época; Eu ainda tenho hoje! Evitei ao máximo ir àquela sala, especialmente quando estava escuro. No entanto, naquele momento, eu ainda estava curiosa e assim, continuei andando pelo corredor e ao me aproximar do quarto, pude sentir o cheiro aromático fresco de uma árvore que preenchia o ar com um aroma fresco de madeira e eu que sabia era uma árvore de Cedro Criptomeria que meu pai ou meu avô trouxeram para casa.

Eu estava muito animada e queria ver a árvore! Girei a maçaneta e abri a porta. Meu coração começou a bater mais rápido, e meus olhos brilharam de alegria e emoção quando vi meu avô João Antonio sentado no chão ao lado do presépio de Natal mais bonito que já vi na minha vida! Ele nos contou como durante meses ele esculpiu as estatuetas de várias bóias de espuma do mar que encontrou ao longo das margens quando foi pescar. Ele usou musgo e pequenas pedras de barro para dar forma ao presépio. Havia tantas peças de estatuetas bonitas que enchiam quase toda a sala. Nas férias na ilha das Flores, o meu pai ou o meu avô iam pela floresta de madrugada na véspera de Natal à Fagunda ou à Pedrinha para o lado do mato que tinha um conjunto de belos Cedros de Cryptomeria. Quando avistavam um bom, cortavam-no, punham-no nas costas e levavam-no para casa.

Eles levaram um par de horas para voltar com uma árvore a tempo de configurá-la para exibir para nós ter e desfrutar no dia de Natal. Não tínhamos luzes coloridas piscando, enfeites pendurados como enfeites para as árvores ou brinquedos de presente embrulhados em papel de feriado e laços extravagantes embaixo da árvore. Em vez disso, tínhamos uma linda árvore que iluminava a sala com calor, amor, a comida da minha mãe e o vovô tocando gaita. Durante as férias de Natal, lembro-me do presente inesquecível do vovô para todos nós... O presépio de espuma do mar feito com carinho e amor.

Essas memórias impressionáveis tornaram aquele Natal muito especial para mim. É um momento para a família e os amigos se reunirem, compartilharem histórias, comidas, rirem, amarem e até chorarem. A comida e as tradições do Natal aproximam-nos e ajudam-nos a compreender o seu verdadeiro significado. O Natal é uma época de tradição e renascimento, quando podemos aproveitar o passado e arcar com o futuro.

Limpets

One of my favorite childhood memories was sitting on my grandpa's old wooden box stool at his modest kitchen table eating a simple meal - lapas. "Lapas" are known as limpets or sea snails. Eating raw limpets was a simple and inexpensive meal which folks harvested themselves from the sea rocks. When eating limpets raw, they taste of the sea and get their mild flavor from the kelp they eat off the rocks.

One of my grandparents' jobs was to harvest limpets in the small rocky shores of the island called "Além and Parujilhe." There were two types of limpets: "Lapa mansa" which can be found below the level of the tides, and "Lapa brava" which can be found on the part of the shore between high and low waters. It was a common job for village fishermen's families to do in the islands. No matter what the weather was like or the sea tide conditions were, my grandma was always ready to go harvest limpets.

When I returned to visit my grandparents in 1985, I accompanied my grandma to the rocky shores of Além in Ponta Delgada to learn to harvest my own plate of limpets. When we got to Além, she picked a safe spot, handed me a tool similar to a screwdriver and showed me carefully how to remove the limpets from the rocks without breaking the shells. If the shell was broken, it would kill them but by keeping them whole, they would stay fresh and tender. "First trick is to clip them off the rocks before they know you're there," said grandma. It may seem easy, but it was not at first. It took a few finger scrapes and cuts before I got the hang of it. After picking a handful, I sat on a big rock and ate them raw while watching and listening to the huge sea waves crashing against the rocks.

My grandma continued to climb the dangerous and slippery cliffs to get to the bigger rocks where there were larger Lapa brava, which was better for selling. I could see her from a distance with a full mesh bag of limpets under her arm as she walked back to meet me so we could walk home together. Back at home she would make a plate full of limpets and give them to the family to have with her homemade fresh "bolo de serta" (an unleavened flat bread made by mixing corn and wheat flour). It was a simple yet plentiful, healthy, delicious, and fulfilling meal that we all enjoyed.

With the remaining limpets, she would go out into the neighborhood and sell them to the locals. At times people didn't have the money to buy the limpets, so she would trade it for flour, lard, potatoes, corn, or fruit. For her, she gained much joy and satisfaction coming home with the little money and groceries from a good day's selling. No matter how successful or fruitless her selling was, she never came home without bringing her grandchildren candy wrapped up in a simple brown paper as a treat.

Limpets are a delicacy. If you're feeling adventurous, you can pick them yourself and enjoy the fresh taste of the sea by eating them raw.

Lapas

Uma das minhas preferidas memórias de infância, remontam o tempo em que me sentada no velho banco de madeira do meu avô na sua modesta mesa de cozinha a comer uma refeição simples - lapas. As "lapas" também são conhecidas como ou caracóis marinhos. Comer lapas cruas era uma refeição simples e barata que as pessoas se colhiam das rochas do mar. Quando comem lapas cruas, têm o sabor do mar e obtêm o seu sabor suave da alga que comem das rochas.

Uma das tarefas dos meus avós era colher lapas nas pequenas costas rochosas da ilha chamadas "Além e Parujilhe." Havia dois tipos de lapas: "Lapa mansa" que pode ser encontrada abaixo do nível das marés, e "Lapa brava" que pode ser encontrada na parte da costa entre as águas altas e baixas. Era um trabalho comum para as famílias de pescadores das freguesias fazerem nas ilhas. Não importava como estava o tempo ou as condições da maré, a minha avó estava sempre pronta para ir apanhar lapas.

Quando regressei para visitar os meus avós em 1985, acompanhei a minha avó às costas rochosas de Além em Ponta Delgada para aprender a colher o meu próprio prato de lapas. Quando chegámos a Além, ela escolheu um local seguro, entregou-me uma ferramenta semelhante a uma chave de fendas e mostrou-me cuidadosamente como retirar as lapas das rochas sem partir as conchas. Se a concha fosse partida, matava-os e, mantendo-os inteiros, ficavam frescos e tenros. "O primeiro truque é tirálos das rochas antes que eles saibam que estás lá", disse a avó. Pode parecer fácil, mas a princípio não foi. Foram precisos alguns arranhões e cortes de dedos antes de eu apanhar-lhe o jeito. Depois de apanhar uma mão cheia, sentei-me numa grande pedra e comi-os crus enquanto observava e ouvia as enormes ondas do mar a baterem contra as rochas.

A minha avó continuou a escalar os penhascos perigosos e escorregadios para chegar às rochas maiores onde havia Lapa brava maior, que era melhor para vender. Pude vê-la de longe com um saco de lapas de malha cheia debaixo do braço, enquanto ela voltava ao meu encontro para que pudéssemos caminhar juntos para casa. De volta a casa, ela fazia um prato cheio de lapas e dava-as à família para ter com o seu "bolo de serta" fresco e caseiro (um pão sem levedura feito misturando farinha de milho e de trigo). Era uma refeição simples mas abundante, saudável, deliciosa e gratificante, que todos nós apreciávamos.

Com as restantes lapas, ela saía para o bairro e vendia-as aos habitantes locais. Por vezes as pessoas não tinham dinheiro para comprar as lapas, por isso ela trocava-as por farinha, banha, batatas, milho, ou fruta. Para ela, sentia-se com muita alegria e satisfação ao voltar para casa com o pouco dinheiro e as compras de um bom dia de vendas. Por mais bem sucedida ou infrutífera que fosse a sua venda, nunca chegou a casa sem trazer os doces para os seus netos embrulhados num simples papel castanho como um mimo.

As lapas são um legado. Se sentir aventureiro, pode apanhá-las por si próprio e apreciar o sabor fresco do mar comendo-as cruas.

My Journey to America

On August 18, 1978, my parents, siblings and I boarded a boat called Ponta Delgada from Santa Cruz, Flores, Azores to live the American dream.

I was 10 years old, the oldest of my siblings. I remember that crisp August morning, the smell and the mysterious sea air had a freshness to it - something I had never smelled before. It was around 10 o'clock in the morning when the small boat arrived to take us to the big boat, and time to say goodbye to my Grandparents - the hardest and most heartbreaking moments of my life, leaving them behind and the uncertainty of whether I would ever see them again. I remember my Grandmother pushing me to get on the boat, telling me to promise not to look back. I broke the promise and looked back to see my Grandmother on her knees crying. I yelled back from the boat and promised her I would work hard in America, learn English, find a job, save every penny and go back to see them.

We were at sea for seven days, and stopped on the island of São Miguel for physical examinations. Once we were all cleared, we were off to chase the American dream. Our first stop was on the East Coast to get our green cards. I remember going through immigration and none of us spoke or understood a word of English. The paperwork was ready and we boarded a flight to California, the Golden State, to start a new life. My parents had practically sold everything but their house in Flores to buy our passage to America.

I will never forget my first year in the United States. I was 11 years old and in the 4th grade, because I was held back a year for not speaking English. I remember my classmates whispering, pulling my hair, laughing, pointing and making jokes about my clothes. My Mom and Aunt got most of our clothes from Thrift stores. They weren't pretty or chic but they were clean and neat, and I was lucky to have them.

My focus was to learn English quickly to help my parents with translations and return to the Azores to fulfill the promise I made to my Grandmother. At the age of 13 I got my first job, helping my Mom clean a few Pacific Bell Company offices. I remember picking up trash from the desks, dusting desks and cleaning bathrooms. Meanwhile, Mom was vacuuming and mopping floors. It wasn't much, but I saved every penny for the trip. At 15, I was in high school, my grades were very good and I started learning a 3rd language. My counselor was a good advocate and enrolled me in the Regional Occupational Program (ROP) during my Junior year. Wow! That was a dream! I was working two part-time jobs while attending school and had to figure out how I was going to fit in. I got certified in General Merchandising, General Office Management, and Banking. My dream job was to be a flight attendant, but that's another story for another time.

Finally the time came, and I had enough money to go back and spend the summer with my Granparents to fulfill my promise. It was a dream come true to spend a whole summer with all four of my grandparents after seven years.

A Minha Viagem Para A America

No dia 18 de agosto de 1978, os meus pais, irmãos e eu embarcámos num barco chamado Ponta Delgada, em Santa Cruz, das Flores, Açores, para vivermos o sonho americano.

Eu tinha 10 anos de idade, e era a mais velha de todos os meus irmãos e irmãs. Lembro-me daquela manhã de agosto crocante, o cheiro e o misterioso ar do mar tinham uma enorme frescura - algo que eu nunca tinha cheirado antes. Foi por volta das 10 da manhã quando a pequena lancha chegou para nos levar ao grande barco. Chegara o momento de dizer adeus aos meus avós - o momento mais difícil e doloroso da minha vida, deixando-os, com a incerteza se alguma vez voltaria a vê-los. Lembro-me da minha avó empurrar-me para a lancha, dizendome: promete-me que não olhas mais para trás. Quebrei a promessa e olhei para trás e vi a minha avó de joelhos a chorar. Também eu gritei da lancha e prometi-lhe que iria trabalhar arduamente na América, aprender inglês, encontrar um emprego, poupar cada centavo e voltar para vê-los.

Estivemos no mar durante sete dias, e parámos na ilha de São Miguel para fazer exames físicos. Assim que estivéssemos todos livres, íamos perseguir o sonho americano. A nossa primeira paragem foi na Costa Leste dos Estados Unidos para obter os nossos cartões verdes. Lembro-me de ter passado pela imigração e nenhum de nós falou ou compreendeu uma única palavra em inglês. Os documentos estavam em ordem e embarcámos num voo para a Califórnia, o estado de ouro, para começar uma nova vida. Os meus pais tinham praticamente vendido tudo menos a sua casa nas Flores para comprarem a nossa passagem para a América.

Nunca esquecerei o meu primeiro ano nos Estados Unidos. Tinha 11 anos de idade, estava no 4º ano de escolaridade e fui retida um ano por não falar inglês. Lembro-me dos meus colegas de turma sussurrando, puxando o meu cabelo, e rindo, apontando-me e fazendo piadas às minhas roupas. A minha mãe e a minha tia receberam a maior parte das nossas roupas das lojas de segunda mão. Não eram bonitas ou chiques, mas estavam limpas e sem manchas, e eu tive sorte em tê-las.

O meu objetivo era aprender inglês, rapidamente, para ajudar os meus pais com traduções e regressar aos Açores para cumprir a promessa que fiz à minha avó. Aos 13 anos de idade consegui o meu primeiro emprego, ajudando a minha mãe a limpar alguns escritórios da empresa Pacific Bell. Lembro-me de recolher o lixo, limpar o pó das secretárias e limpar casas de banho. Entretanto, a minha mãe aspirava e limpava o chão. Não era muito, mas poupei cada cêntimo para a viagem. Aos 15 anos, estava no liceu, as minhas notas eram muito boas e comecei a aprender uma terceira língua. O meu conselheiro foi um ótimo guia e inscreveu-me no programa Ocupacional Regional (ROP) no décimo-primeiro ano. Uau! Isso era um sonho! Eu estava a trabalhar em dois empregos a tempo parcial enquanto frequentava a escola e tinha de descobrir como é que eu me ia encaixar. Recebi um certificado em comércio, gestão de escritórios, e finanças. O meu emprego de sonho era ser hospedeira de bordo, mas isso é outra história. Fica para outro momento.

Finalmente chegou o momento desejado e tinha poupado dinheiro suficiente para voltar e passar o verão com os avós para cumprir a minha promessa. Foi um sonho que se tornou realidade. Ao fim de sete anos, voltaria à minha ilha para passar os meses do verão com os meus quatro avós.

Appendix

My parents, Pedro and Regina in 1972.

My grandfather, surrounded by his fellow villagers, celebrating the feast of the Holy Spirit.

Me at 6 years old, Ponta Delgada, Flores, Azores.

Me in the 4th grade in the United States, Fall 1980.

My parents' stone house in Ponta Delgada, Flores, Azores, built in the mid 1930's.

Me with my grandmother, Emilia, eating lapas at her house - 1988

My husband Santiago and me at the Albarnaz Lighthouse in Ponta Delgada, Flores, Azores, 1988.

My husband Santiago and I surrounded by beautiful hydrangeas!

My grandfather's, João Antonio, harmonica.

My grandmother Amelia's cauldron that she has been cooking with for 60 years.

Me at Ribeira do Moinho, Ponta Delgada, Flores, Azores, 1988.

The Marine Sargassum picture that you see above, was the last time I saw and extended Sargaço on one of my trips to Flores in 1988 when I took my husband for the first time to visit. I still have the seashell basket that I painted and varnished 33 years ago. Which brings back so many memories of the Marine Sargassum day's in Flores, Azores.

The remains of my maternal grandparents' stone house in 1988. Photo taken 2022.

This simple Portuguese cake that I make reminds me of my 6th birthday cake in Ponta Delgada, Flores, Azores.

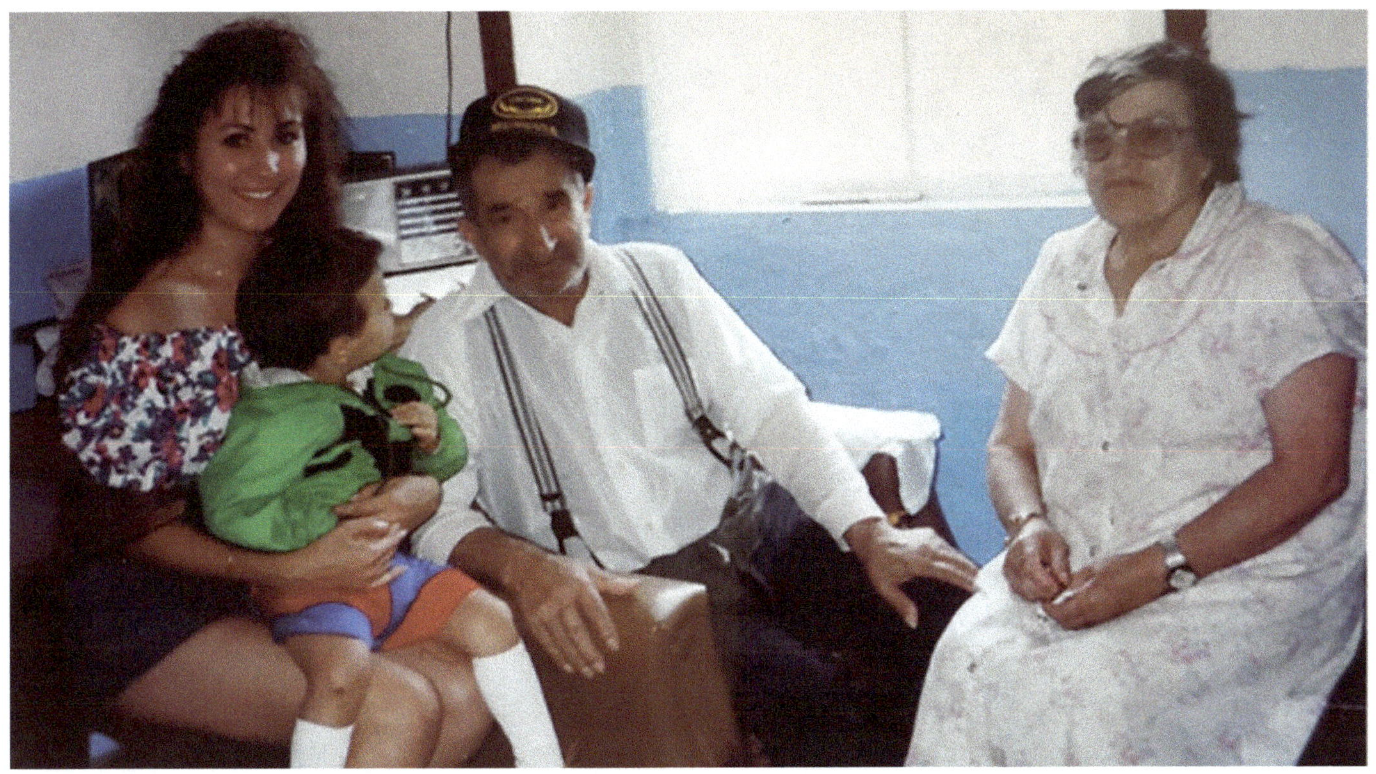

Special memories with my paternal grandparents.

My son Carlos and I with my paternal grandparents, Adolfo and Amelia at their house in Ponta Delgada, Flores in 1992.

My daughter Marina and I celebrating her 2nd birthday in Ponta Delgada, Flores. Do you see the cake? It looks very similar to the cake I had for my 6th birthday with the little candy pearls!

My husband and our children at the port of Ponta Delgada, Flores, Azores in the Summer of 2008.

My Maternal Grandparents, João Antonio and Emelia.

Acknowledgements

I'd like to thank,

My son, **Carlos Diego Sousa Mendoza** for reading and editing my first drafts. For pushing me to believe that I have a legacy of memories to pass on to my descendants, friends, and Portuguese-American generations. Stay Gold Pony Boy.

To my beloved daughter, **Marina Coral Sousa Mendoza** for the advice, support, encouragement, and the sweetest daily reminders to not overwork myself. You are my miracle.

To my Husband **Santiago Ramos Mendoza**, thank you for your love, for being supportive of my work on this book, and for all that you do for our family. O meu Pescador.

And with deep, sincere, and humble gratitude, thank you to my parents **Pedro Fortuna Sousa**, and **Regina Silva-Sousa** for their sacrifices and for giving me the opportunities and experiences that have made me who I am. Thank you both for leaving your homeland with 5 children to embark on a new journey to the U.S. so that we may have better lives. My strong and brave paizinhos.

To my Grandparents, I thank them for their teachings and sacrifices. The memories of the times we spent together are forever treasured in my heart.

With words of gratitude, I thank **Hélia Borges Sousa** for believing that I had a book in me to share with others. And an immense thanks for the beautiful artwork you did for the book cover. Your support and friendship means everything.

A special thank you to **Angela Costa Simões,** an accomplished Author and Publisher of Riso Books. Thank you Angela, for being my second pair of eyes, my editor. And of course, thank you for your kindness, advice, time and support. I have always wanted to write a book and you made this dream possible.

A huge thanks to **Diniz Borges**, for translating the stories to Portuguese. Muito obrigada!

Angela Silveira Laines, you are a Rock Star! Thank you for your contributions to this book's layout and all the small details I would have missed.

Thank you, **Marco Rosales,** and **Zoltan Pabon**, for the beautiful illustrations. I appreciate all the hard work you put into this project.

Finally, a great appreciation to you, the readers, for your support. Sharing my childhood stories is scary! To have it received by you, is a gift which keeps me grounded in the moment. With humble gratitude...

Thank you from my heart!

Idalina Silva Sousa-Mendoza